연산이 쉬워지는 마법의 학습 놀이 ❷

BRAIN BOOSTERS
곱셈
ACTIVITY BOOK

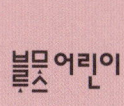

블루어린이

Brain Boosters: Times Tables and Multiplication

Copyright © Arcturus Holdings Limited
www.arcturuspublishing.com
All rights reserved.

Korean translation copyright © 2021 Bluemoose Books
Korean translation rights are arranged with Arcturus Publishing Limited through AMO Agency.
이 책의 한국어판 저작권은 AMO에이전시를 통해 저작권자와 독점 계약한 블루무스에 있습니다.
저작권법에 의해 한국 내에서 보호를 받는 저작물이므로 무단 전재와 복제를 금합니다.

연산이 쉬워지는 마법의 학습 놀이 ②
BRAIN BOOSTERS: 곱셈
초판 1쇄 인쇄일 2021년 6월 24일 초판 1쇄 발행일 2021년 6월 30일
지은이 페니 웝즈 그림 그레이엄 리치 감수 최경희(달콤수학 꿀쌤) 옮긴이 이미정
펴낸이 金炅芝 편집 문영은 디자인 박민수 홍보 김예진
펴낸곳 블루무스어린이 출판등록 제2018-00343호
전화 070-4062-1908 팩스 02-6280-1908
주소 서울시 마포구 월드컵북로 400 5층 21호
이메일 bluemoosebooks@naver.com 인스타그램 @bluemoose_books
ISBN 979-11-91426-15-1 64410
     979-11-91426-13-7 (set)

아이들의 푸른 꿈을 응원하는 블루무스어린이는 출판사 블루무스의 어린이 단행본 브랜드입니다.

이 책의 일부 또는 전부를 이용하려면 저작권자와 블루무스의 동의를 얻어야 합니다.
책값은 뒤표지에 있습니다. 잘못된 책은 구입하신 곳에서 바꾸어 드립니다.

목차

곱셈이 뭘까	4
왜 곱셈을 할까	6
수열로 곱셈 배우기 미션	8
무적의 12단 곱셈표	10
사각형 곱셈표	12
2단 외우기 미션	14
4단 외우기 미션	16
10단 외우기 미션	20
5단 외우기 미션	22
100과 1000의 배수 알아보기 미션	26
3단 외우기 미션	28
6단 외우기 미션	30
9단 외우기 미션	32
7단 외우기 미션	36
8단 외우기 미션	38
11단 외우기 미션	42
12단 외우기 미션	44
곱셈식 분해하기 미션	50
제곱수 알아보기 미션	52
인수와 소수 알아보기 미션	54
두 가지 곱셈법 알아보기 미션	60
격자표 곱셈 알아보기 미션	62
세로식 곱셈 알아보기 미션	76
도전! 최종 테스트	90
셜록의 정답	92

비법 — 곱셈이 뭘까

곱셈은 수를 세거나 더하지 않고
모두 몇 개인지 알아내는 빠르고 똑똑한 방법이야.

"안녕, 난 휘스커스 박사야. 우리 가족을 소개할게."

얼마 안 되는 수는
더하고 세어서
계산하는 게 제일 좋아.

생쥐 수를 세어 보자.

　1　　　　2　　　　3

생쥐 3마리가 더 왔어.
생쥐를 모두 세어 보거나 더해서
모두 몇 마리인지 알 수 있어.

　4　　　　5　　　　6

생쥐 2묶음을 더해 보자.

$$3 + 3 = 6$$

비법

생쥐 6마리가 더 오면 어떻게 될까? 또 6마리가 더 오면?
그럼 모두 몇 마리가 될까?

우리는 한 묶음?

생쥐 수를 1마리씩 다 세거나 각 묶음을 더해 보자.
아니면, 6마리씩 3묶음이 있으니까 곱셈을 해 보자.

그런데 3 × 6 = 18이라는 걸 어떻게 아냐고?
무적의 12단 곱셈표를 알고 있기 때문이지. 너희들도 할 수 있어.

최고의 명탐정 개
셜록 본즈

비법

왜 곱셈을 할까

곱셈은 쓸 데가 많아. 아래를 잘 봐.

돈 계산
- 택시비가 얼마지?
- 한 번 탈 때 동전 11개가 필요해.
- 2번 타야 하는데.
- 11 × 2 = 22니까 동전 22개가 필요해.

게임하기
- 한 번에 3점씩 점수가 올라가.
- 3번 점수를 냈어.
- 3×3은?
- 9점이야!

수량 구하기
- 생쥐 5마리가 저녁 먹으러 온대. 1마리당 치즈 12조각씩 주려는데 치즈 좀 사다 줄래?
- 5×12=60 치즈 60조각을 사야겠네. 내 것도 사고!

시계 보기
- 여기 이 시계를 봐. 7시에서 몇 분이나 더 지난 거야?
- 12부터 시작해서 차례대로 5분씩 커져. 그러니까 시곗바늘이 12에서 5까지 가면 5×5=25야. 그래서 지금 시각은 7시 25분이야.

마법의 말, 말, 말

비법

'곱셈'을 다르게 말하면 아래와 같아.
아래의 말이 나오면 곱하기를 하면 돼. 모두 기억했어?
그럼 기억해 둔 말에 ○를 해 봐.

2씩 3묶음

2와 3 곱하기

2씩 3번 뛰어 세기

2의 3배

2×3

모두 똑같은 말이야.

정답은 **6**이야!

좀 더 해 볼까?

수열

수열로 곱셈 배우기 미션

어린이 탐정들, 준비됐어?
수열로 곱셈을 배워 보자. 자, 이렇게 하는 거야.
쏘는 벌레는 **2**씩 뛰어 센 곳에,
냄새 나는 벌레는 **3**씩 뛰어 센 곳에 있어.

빨간색 화살표는 쏘는 벌레를 가리켜.

1 2 3 4 5 6 7 8 9 10 11 12

보라색 화살표는 냄새 나는 벌레를 가리켜.

쏘는 벌레 3마리를 더 잡아야 해. 각각 몇 번일까?

쏘는 벌레   2   4   6   ◯ ◯ ◯

냄새 나는 벌레 2마리를 더 잡아야 해. 각각 몇 번일까?

냄새 나는 벌레   3   6   ◯ ◯

쏘기도 하고 냄새도
나는 벌레는 몇 번이야?   ◯ ◯

서둘러!
빨리 잡아내,
휘스커스 박사!

곱셈표 맛보기

곱셈표

수열에서 쏘는 벌레의 번호를 잘 봐. 그 번호는 **2**부터 시작해.
아래 네모 칸을 채워 볼까?

2 4 6 8 10 12 ☐ 16 ☐ 20 ☐ 24

수열에서 냄새 나는 벌레의 번호를 잘 봐. 그 번호는 **3**부터 시작해.
아래 네모 칸을 채워 볼까?

3 6 9 12 ☐ 18 ☐ 24 ☐ 30 ☐ 36

손가락을 꼽아서 세어 보거나 수열로 표현해 봐.

잘 했어!

무적의 12단 곱셈표

곱셈표

12단 곱셈표야. 이 중에서 몇 단을 알고 있어?

2단
2 × 1 = 2
2 × 2 = 4
2 × 3 = 6
2 × 4 = 8
2 × 5 = 10
2 × 6 = 12
2 × 7 = 14
2 × 8 = 16
2 × 9 = 18
2 × 10 = 20
2 × 11 = 22
2 × 12 = 24

3단
3 × 1 = 3
3 × 2 = 6
3 × 3 = 9
3 × 4 = 12
3 × 5 = 15
3 × 6 = 18
3 × 7 = 21
3 × 8 = 24
3 × 9 = 27
3 × 10 = 30
3 × 11 = 33
3 × 12 = 36

4단
4 × 1 = 4
4 × 2 = 8
4 × 3 = 12
4 × 4 = 16
4 × 5 = 20
4 × 6 = 24
4 × 7 = 28
4 × 8 = 32
4 × 9 = 36
4 × 10 = 40
4 × 11 = 44
4 × 12 = 48

5단
5 × 1 = 5
5 × 2 = 10
5 × 3 = 15
5 × 4 = 20
5 × 5 = 25
5 × 6 = 30
5 × 7 = 35
5 × 8 = 40
5 × 9 = 45
5 × 10 = 50
5 × 11 = 55
5 × 12 = 60

6단
6 × 1 = 6
6 × 2 = 12
6 × 3 = 18
6 × 4 = 24
6 × 5 = 30
6 × 6 = 36
6 × 7 = 42
6 × 8 = 48
6 × 9 = 54
6 × 10 = 60
6 × 11 = 66
6 × 12 = 72

7단
7 × 1 = 7
7 × 2 = 14
7 × 3 = 21
7 × 4 = 28
7 × 5 = 35
7 × 6 = 42
7 × 7 = 49
7 × 8 = 56
7 × 9 = 63
7 × 10 = 70
7 × 11 = 77
7 × 12 = 84

곱셈표

8단
8 × 1 = 8
8 × 2 = 16
8 × 3 = 24
8 × 4 = 32
8 × 5 = 40
8 × 6 = 48
8 × 7 = 56
8 × 8 = 64
8 × 9 = 72
8 × 10 = 80
8 × 11 = 88
8 × 12 = 96

9단
9 × 1 = 9
9 × 2 = 18
9 × 3 = 27
9 × 4 = 36
9 × 5 = 45
9 × 6 = 54
9 × 7 = 63
9 × 8 = 72
9 × 9 = 81
9 × 10 = 90
9 × 11 = 99
9 × 12 = 108

10단
10 × 1 = 10
10 × 2 = 20
10 × 3 = 30
10 × 4 = 40
10 × 5 = 50
10 × 6 = 60
10 × 7 = 70
10 × 8 = 80
10 × 9 = 90
10 × 10 = 100
10 × 11 = 110
10 × 12 = 120

11단
11 × 1 = 11
11 × 2 = 22
11 × 3 = 33
11 × 4 = 44
11 × 5 = 55
11 × 6 = 66
11 × 7 = 77
11 × 8 = 88
11 × 9 = 99
11 × 10 = 110
11 × 11 = 121
11 × 12 = 132

12단
12 × 1 = 12
12 × 2 = 24
12 × 3 = 36
12 × 4 = 48
12 × 5 = 60
12 × 6 = 72
12 × 7 = 84
12 × 8 = 96
12 × 9 = 108
12 × 10 = 120
12 × 11 = 132
12 × 12 = 144

6단을 보고 아래 문제를 풀어 봐.

6 × 7 = ☐

7단을 보고 아래 문제를 풀어 봐.

7 × 6 = ☐

봤지?
곱하는 순서가
바뀌어도 답은 똑같아.

곱셈표

사각형 곱셈표

사각형 곱셈표는 **12**단을 모두 보여 주는 표야.
맨 위쪽과 왼쪽 끝의 노란색 칸에는 **1**에서 **12**까지의 숫자가 있어.
8 × 9의 답을 찾아볼까? 먼저 맨 위쪽 노란 칸에서 손가락으로
8을 찾아 짚어 봐. 거기서 아래로 쭉 내려가다가 왼쪽 노란 칸에서
9가 나오는 줄에서 멈춰. 그럼 정답은 **72**야.

이제 아래 곱셈의 정답을 찾아봐.

9 × 8 = ☐   6 × 3 = ☐

12 × 11 = ☐   7 × 1 = ☐

10 × 6 = ☐   12 × 2 = ☐

초록색 대각선의 왼쪽과 오른쪽 수를 잘 봐. 두 수가 똑같아.

셜록 본즈가 전하는 중요한 메시지!
0단은 곱셈표에 없어.
0을 곱하면 모두 0이니까!

곱셈표

×	1	2	3	4	5	6	7	8	9	10	11	12
1	1	2	3	4	5	6	7	8	9	10	11	12
2	2	4	6	8	10	12	14	16	18	20	22	24
3	3	6	9	12	15	18	21	24	27	30	33	36
4	4	8	12	16	20	24	28	32	36	40	44	48
5	5	10	15	20	25	30	35	40	45	50	55	60
6	6	12	18	24	30	36	42	48	54	60	66	72
7	7	14	21	28	35	42	49	56	63	70	77	84
8	8	16	24	32	40	48	56	64	72	80	88	96
9	9	18	27	36	45	54	63	72	81	90	99	108
10	10	20	30	40	50	60	70	80	90	100	110	120
11	11	22	33	44	55	66	77	88	99	110	121	132
12	12	24	36	48	60	72	84	96	108	120	132	144

모든 곱셈의 정답은 '배수'라고 해.
72는 **8**과 **9**의 배수야.

2단부터 시작!

2단 외우기 미션

2단

2단의 답은 모두 짝수라서 2, 4, 6, 8, 0 중 하나로 끝나. 2단을 외울 때는 큰 소리로 계속 말해 보는 게 가장 좋아.

2단 곱셈표

2 × 1 = 2
2 × 2 = 4
2 × 3 = 6
2 × 4 = 8
2 × 5 = 10
2 × 6 = 12
2 × 7 = 14
2 × 8 = 16
2 × 9 = 18
2 × 10 = 20
2 × 11 = 22
2 × 12 = 24

곱셈표를 가리고 아래 곱셈의 답을 적어 봐.

2 × 2 =   2 × 5 =

2 × 7 =   2 × 10 =

2 × 12 =   2 × 1 =

어떤 수에 1을 곱하면 그 수가 달라지지 않아.

2단 연습

2단

바다오리 핍과 함께 2단을 적어 보자.

아래 2단을 완성해 봐.

2 ◯ 6 8 10 12 ◯ 16 18 20 22 ◯

2단을 거꾸로 적어 봐!

24 ◯ 20 18 16 14 ◯ 10 8 6 4 ◯

핍은 아빠와 함께 근사한 낚시 여행을 갔다 왔어. 물고기를 8마리씩 2묶음 잡았지. 8마리는 노란색, 나머지 8마리는 파란색 물고기야. 잡은 물고기는 모두 몇 마리일까?

아주 똑똑한 친구들이네!

4단

4단 외우기 미션

2단처럼 4단의 정답도 모두 짝수라서
2, 4, 6, 8, 0 중 하나로 끝나.
4단의 정답은 2단의 2배야!

4단 곱셈표

4 × 1 = 4
4 × 2 = 8
4 × 3 = 12
4 × 4 = 16
4 × 5 = 20
4 × 6 = 24
4 × 7 = 28
4 × 8 = 32
4 × 9 = 36
4 × 10 = 40
4 × 11 = 44
4 × 12 = 48

4단 곱셈표를 가리고
아래 곱셈의 답을 적어 봐.

4 × 4 =   4 × 11 =
4 × 9 =   4 × 2 =
4 × 8 =   4 × 5 =

4단 연습

4단

잘 모르겠으면 곱셈표를 봐!

곱셈식을 푸는 핍을 도와줘.
곱셈표를 가리고 해 봐.

4 × ◯ = 28

4 × ◯ = 36

4 × 12 = ◯

4 × 10 = ◯

4 × 3 = ◯

아래 4단을 완성해 봐.

4 8 ◯ 16 20 24 ◯ 32 36 40 ◯ 48

48 다음 수는 뭘까? ☐

마지막 문제를 맞혔다면 4×13을 알고 있는 거야!

야호, 만세!

2단·4단

2와 4의 배수 알아보기 미션

2의 배수는 2로 나누어 떨어지는 수야.
그래서 2단의 답은 모두 2의 배수이자 짝수야.

> 짝수는 모두 2, 4, 6, 8, 0 중 하나로 끝난다는 거 잊지 마.

2의 배수가 아닌 수에 동그라미를 쳐 봐.

4   7   6   10   8   14   20   30

4의 배수는 4로 나누어 떨어지는 수야.
4단의 답은 모두 4의 배수야.
4는 2의 배수이기 때문에 4단의 답도 2의 배수야!

> 조심해. 짝수가 모두 4의 배수는 아니야.

4의 배수가 아닌 수에 동그라미를 쳐 봐.

4   12   8   24   32   16   22   28

40은 2의 배수이자 4의 배수이기도 해.
그럼 80은 어떨까? 맞아!
80은 40의 두 배니까 80도 2의 배수이자 4의 배수야.

핍의 수수께끼

2단·4단

핍이 아빠와 절벽에서 돌 굴리기 게임을 하고 있어. 돌이 섬에 떨어지면 2점, 알바트로스 둥지에 떨어지면 4점이야. 핍이 자기 점수를 계산했어. 핍의 아빠 점수를 계산해서, 누가 이겼는지 알아보자.

	섬 (2점)	둥지 (4점)	합
핍	1	3	2 + 12 = 14
아빠	2	2	4 + =

아래 숫자들을 잘 봐.

20　6　51　44
39　16　11　28

2의 배수는 몇 개야? ☐
4의 배수는 몇 개야? ☐

수수께끼 풀기 성공!

10단

10단 외우기 미션

10단은 외우기 쉬워.
기억력이 나쁜 흰동가리 코코도 금방
외울 수 있어. 아래 정답을 잘 봐.
10에 어떤 수를 곱하면 그 수에 0이 하나 더 붙어.

10단 곱셈표

10 × 1 = 10
10 × 2 = 20
10 × 3 = 30
10 × 4 = 40
10 × 5 = 50
10 × 6 = 60
10 × 7 = 70
10 × 8 = 80
10 × 9 = 90
10 × 10 = 100
10 × 11 = 110
10 × 12 = 120

곱셈표를 가리고
아래에 정답을 적어 봐.

10 × 1 =   10 × 8 =

10 × 11 =   10 × 2 =

10 × 4 =   10 × 7 =

이것도 해 봐.

10 × 13 =

10단 연습

10단

흰동가리 코코와 함께 10단 연습 문제를 풀어 보자.

10 × ◯ = 120   10 × ◯ = 60

코코는 진주를 1년에 10개씩 5년 동안 모았어.
코코가 모은 진주는 모두 몇 개야?

아래 빈 칸을 채워 봐.

10 ◯ 30 ◯ 50 ◯ 70 ◯ 90 ◯ 110 ◯

이것도 해 볼래?

100 110 120 ◯ 140 ◯ 160 ◯

10씩 뛰어 세면 돼.

10단 최고!

5단

5단 외우기 미션

홀수는 1, 3, 5, 7, 9로 끝나고, 짝수는 2, 4, 6, 8, 0으로 끝나.

5단의 정답은 모두 0이나 5로 끝나. 5에 짝수를 곱한 수는 0으로 끝나고, 5에 홀수를 곱한 수는 5로 끝나. 아주 쉬워!

아래 5단을 완성해 봐.

5단 곱셈표
5 × 1 = 5
5 × 2 = 10
5 × 3 = 15
5 × 4 = 20
5 × 5 = 25
5 × 6 = 30
5 × 7 = 35
5 × 8 = 40
5 × 9 = 45
5 × 10 = 50
5 × 11 = 55
5 × 12 = 60

5 × 5 =
5 × 3 =
5 × 7 =
5 × 9 =
5 × 8 =
5 × 4 =

이것도 할 수 있어?

5 × 13 =

5단 연습

5단

이 문제들도 풀어 보자.

5 × 6 = ☐   5 × 2 = ☐   5 × 10 = ☐

5 × ☐ = 45   5 × ☐ = 55   5 × ☐ = 25

흰동가리는 말미잘을 좋아해. 흰동가리 코코는 하루에 **5**번 말미잘을 찾아가. 그럼 **1**주일 동안은 몇 번 찾아갈까? ☐

코코는 **5**분 만에 산호초를 한 바퀴 헤엄쳐 돌아와. 산호초를 **3**번 헤엄쳐 돌아오면 몇 분 걸릴까? ☐

아래 네모 칸을 채워 봐.

10 15 20 25 ☐ 35 40 ☐

힌트 하나 줄게! 5단은 10단의 반이야!

잘했어! 5단 외우기 성공!

5와 10의 배수 알아보기 미션

5단·10단

오늘은 바닷속 축제가 열리는 날이야.
흰동가리 코코가 게임을 하고 있어.
5의 배수를 찾으면 상을 받아. 5의 배수에 물방울을
그려서 코코를 도와줘.

> 난 2개 찾았어.
> 8개 더 찾을 수 있어?

15　33　300　　50　65　　35　　80

28　95　　44　　70　　101　110　　155　29

위의 수 중에서 10의 배수는 5개 있어. 아래 빈 칸에 10의 배수를 적어 봐.

5에 짝수를 곱한 수는 0으로 끝나고, 5에 홀수를 곱한 수는 5로 끝나.
그럼 아래 곱셈을 완성해 보자. 밑줄 위에 알맞은 숫자를 써 봐.

5 × 202 = 101_　　　5 × 55 = 27_

24

코코의 수수께끼

5단·10단

코코가 해초 미로를 통과하게 도와줘. 가는 길에 조개를 주워야 해. 주황색 조개는 **5**점, 보라색 조개는 **10**점이야. 미로를 통과하면 모두 몇 점을 얻을까? 아래 곱셈을 완성해서 답을 찾아봐.

100단·1000단

100과 1000의 배수 알아보기 미션

10을 곱하는 방법은 알지? 0만 하나 더 붙이면 돼. 그런데 잘 봐. 자리값을 알면 100도, 1000도 곱할 수 있어. 그뿐만 아니라 백만도 곱할 수 있다고!

12는 십의 자리 수 **1**과 일의 자리 수 **2**로 된 수야.

 +  =

물고기 10마리 1묶음 + 물고기 2마리 = 물고기 12마리

수는 아래처럼 자리값으로 나누어 표시할 수 있어.

백의 자리	십의 자리	일의 자리
	1	2

각 자리 수를 왼쪽으로 1칸씩 옮기면 **10**을 곱한 수가 돼. 십의 자리 수가 백의 자리 수가 되고, 일의 자리 수는 십의 자리 수가 되는 거야. 비어 있는 일의 자리 수는 **0**이 돼.

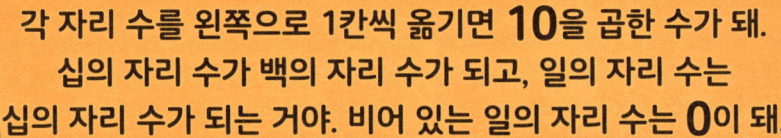

	백	십	일
12 × 1 =		1	2
12 × 10 =	1	2	0

100단과 1000단

100을 곱한 수는 각 자리의 수를 왼쪽으로 두 칸씩 옮기고 빈 자리에 0을 넣으면 돼. 각 자리의 수를 왼쪽으로 세 칸씩 옮기고 빈 자리에 0을 넣으면 1000을 곱한 수가 되지.

	만의 자리	천의 자리	백의 자리	십의 자리	일의 자리
12 × 1 =				1	2
12 × 10 =			1	2	0
12 × 100 =		1	2	0	0
12 × 1000 =	1	2	0	0	0

아래 네모 칸도 채워 볼래?

	천의 자리	백의 자리	십의 자리	일의 자리
6 × 10 =			☐	☐
6 × 100 =		☐	☐	☐
6 × 1000 =	☐	☐	☐	☐
16 × 100 =	☐	☐	☐	☐

3단 외우기 미션

3단

홀수는 1, 3, 5, 7, 9로 끝나고, 짝수는 2, 4, 6, 8, 0으로 끝난다는 거 잊지 마.

3은 홀수야. 홀수와 홀수를 곱하면 홀수가 돼. 반면 홀수와 짝수를 곱하면 짝수가 돼.

3 × 1 = 3
홀수×홀수=홀수

3 × 2 = 6
홀수×짝수=짝수

곱셈표를 가리고 아래 곱셈을 완성해 봐.

3 × 3 =

3 × 8 =

3 × 9 =

3 × 12 =

3단 곱셈표
3 × 1 = 3
3 × 2 = 6
3 × 3 = 9
3 × 4 = 12
3 × 5 = 15
3 × 6 = 18
3 × 7 = 21
3 × 8 = 24
3 × 9 = 27
3 × 10 = 30
3 × 11 = 33
3 × 12 = 36

3단의 답을 큰 소리로 읽어 봐. 12보다 큰 수도 곱할 수 있어?

3단 연습

3단

아래 수식을 잘 봐. 답이 홀수인지 짝수인지 보고 맞는 곳에 동그라미를 쳐 봐.

3 × 23   홀수 or 짝수

3 × 18   홀수 or 짝수

개구리 플립이 수련 잎에서 점프를 해서 3단을 완성해야 해.
아래 그림에 화살표를 그려서 도와줘.

플립은 1번 점프해서 3칸을 넘어갈 수 있어. 몇 번 점프해야 15번째 칸에 도착할까?

넌 3단 천재야!

6단

6단 외우기 미션

6단을 잘 봐. 일의 자리 수가 6, 2, 8, 4, 0 으로 끝나. 이 순서는 달라지지 않아. 그래서 6×13의 정답이 8로 끝나면 6×14의 정답은 4로 끝나.

6단에는 두 가지 규칙이 있으니까 잊지 마. 하나는 6이 짝수라서 답도 모두 짝수라는 거야. 그리고 6단은 3단의 2배야!

아래 6단을 완성해 봐.

6단 곱셈표

6 × 1 = 6
6 × 2 = 12
6 × 3 = 18
6 × 4 = 24
6 × 5 = 30
6 × 6 = 36
6 × 7 = 42
6 × 8 = 48
6 × 9 = 54
6 × 10 = 60
6 × 11 = 66
6 × 12 = 72

6 × 2 =

6 × 4 =

6 × 5 =

6 × 11 =

6×7이 어떻게 3×7의 2배가 되는지 잘 봐.

3 × 7 =

3 × 7 =

위의 답을 아래에 적어 봐.

6 × 7 = ◯ + ◯ = ☐

6단 외우기

 6단

아래 6단도 완성해 보자.

6 × 3 = ◯   6 × 8 = ◯   6 × 12 = ◯

6 × ◯ = 24   6 × ◯ = 42   6 × ◯ = 54

플립은 매일 저녁마다 벌레 6마리를 먹어.
6일 동안 벌레 몇 마리를 먹을까?

7일 동안은 벌레 몇 마리를 먹을까?

아래 6단을 완성해 봐.

6 ◯ 18 ◯ 30 ◯ 42 ◯

6, 2, 8, 4, 0 순으로
끝나는 거 잊지 마.

9단 외우기 미션

9단

아래 곱셈의 정답을 잘 봐. 정답의 십의 자리 수는 1, 2, 3, 4 순으로 하나씩 커져. 일의 자리 수는 9, 8, 7, 6 순으로 하나씩 작아져.

9단에는 많은 규칙이 있어. 그 규칙들을 알면 9단 외우기가 아주 쉬워져!

9단에서 정답의 각 자리 수를 더하면 **9**가 돼.

9 × 7 = 63   6 + 3 = 9

9단 곱셈표

9 × 1 = 9
9 × 2 = 18
9 × 3 = 27
9 × 4 = 36
9 × 5 = 45
9 × 6 = 54
9 × 7 = 63
9 × 8 = 72
9 × 9 = 81
9 × 10 = 90
9 × 11 = 99
9 × 12 = 108

9단에서 정답의 십의 자리 수는 곱하는 수보다 하나 작아.

9 × 7 = 63

이런 규칙들을 생각해서 아래 곱셈을 완성해 봐.

9 × 9 =

어때? 신기하지?

9단 연습

9단

곱셈표를 가리고 아래 곱셈을 완성해 보자.

9 × 3 = ◯ 9 × 2 = ◯ 9 × 11 = ◯

9 × ◯ = 90 9 × ◯ = 9 9 × ◯ = 54

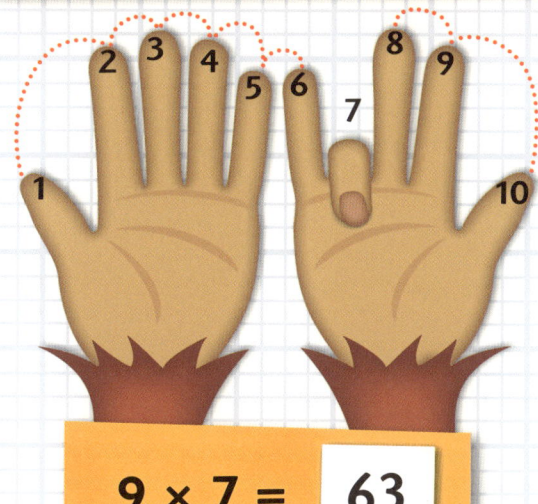

오랑우탄 오를라가 손가락 10개로 9단 외우는 비법을 알려 준대. 손가락에 1에서 9까지 숫자가 적혀 있다고 상상해 봐. 9에 7를 곱할 때(7에 9을 곱할 때) 7번 손가락을 접어 봐.

접은 7번 손가락 왼쪽의 손가락 개수(6개)는 십의 자리 수가 돼. 오른쪽 손가락 개수(3개)는 일의 자리 수가 되지.

9 × 7 = 63

이 비법으로 이 문제도 해결해 봐.

9 × 4 = ◯

3, 6, 9의 배수 알아보기 미션

3단·6단·9단

6과 9의 배수는 모두 3의 배수야. 6과 9가 3의 배수라서 그래!

플립이 다시 점프를 하고 있어.
이번에는 3의 배수이자 6의 배수가 적힌 수련 잎만 밟을 수 있어.
플립이 밟을 수 있는 수련 잎(모두 4개)에 동그라미를 쳐 봐.

3, 6, 9 모두의 배수인 특별한 수련 잎이 있어.
어떤 수련 잎인지 찾아서 번호를 써 봐.

플립의 수수께끼

3단·6단·9단

9의 배수는 찾기 쉬워. 각 자리 수를 더해서 9가 나오면 9의 배수야. 각 자리 수를 더했는데 두 자리 수가 나오면 그 수의 각 자리 수를 또 더해 봐.

9 × 13 = 117   1 + 1 + 7 = 9

9 × 21 = 189   1 + 8 + 9 = 18   1 + 8 = 9

이제 플립은 3의 배수이자 9의 배수가 적힌 수련 잎만 밟을 수 있어. 3과 9의 배수는 3개 있어. 찾아서 동그라미를 쳐 봐.

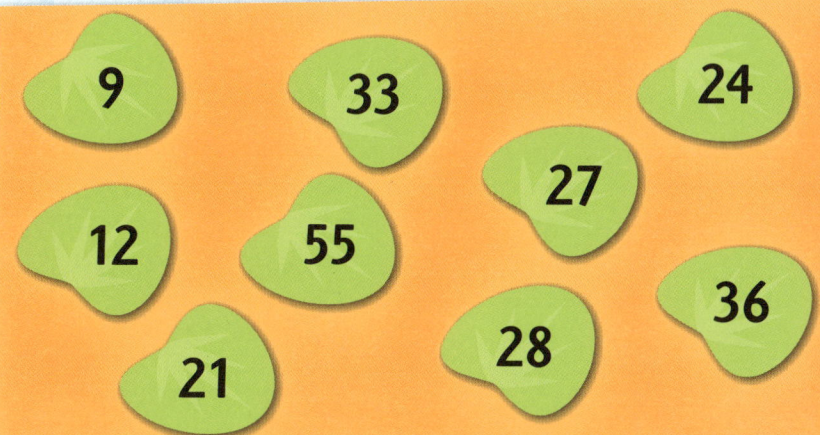

9, 33, 24, 27, 12, 55, 36, 28, 21

잘 모르겠으면 13쪽의 사각형 곱셈표를 봐. 정답은 3단에도 있고, 9단에도 있는 수야.

3, 6, 9 모두의 배수를 찾아서 적어 봐.

7단

7단 외우기 미션

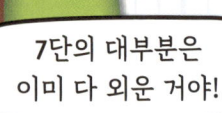

7단의 대부분은 이미 다 외운 거야!

똑바로 앉아서 집중하자!
오우거 오고르가 제일 어려운
7단과 **8**단을 외우는 비법을 알려 주겠대.

곱셈에서는 순서를 바꿔도 답이 똑같아.
아래 곱셈을 완성해 봐.

7단 곱셈표

7 × 1 = 7
7 × 2 = 14
7 × 3 = 21
7 × 4 = 28
7 × 5 = 35
7 × 6 = 42
7 × 7 = 49
7 × 8 = 56
7 × 9 = 63
7 × 10 = 70
7 × 11 = 77
7 × 12 = 84

2 × 7 = 7 × 2 =
3 × 7 = 7 × 3 =
4 × 7 = 7 × 4 =
5 × 7 = 7 × 5 =

8단

8단 외우기 미션

8×8=64는 이렇게 외우면 아주 쉬워. "팔팔 삶았더니 육즙이 사르르 나와서 육십사야."

8이 짝수니까 8을 곱한 수도 모두 짝수야. 그리고 8단은 4단의 2배야. 이것만 알면 8단을 외우기가 쉬워져.

8단 곱셈표

8 × 1 = 8
8 × 2 = 16
8 × 3 = 24
8 × 4 = 32
8 × 5 = 40
8 × 6 = 48
8 × 7 = 56
8 × 8 = 64
8 × 9 = 72
8 × 10 = 80
8 × 11 = 88
8 × 12 = 96

8 × 5 =
짝수×5=0으로 끝나는 수

8 × 2 =

9단의 규칙 기억나? 정답의 십의 자리 수는 곱하는 수보다 하나 적고, 정답의 각 자리 수를 더하면 9가 돼.

8 × 9 =
8은 곱하는 수

이것도 해 봐.

3 × 4 =

3 × 4 =

3 × 8 =   +   =

8단 연습

8단

이제 8단 연습을 해 보자.
곱셈표를 가리고 아래 8단을 완성해 봐.

8 × 6 =   8 × 7 =   8 × 12 =

8 ×   = 24   8 ×   = 88   8 ×   = 64

빈 자리를 채워서 아래 8단을 완성해 봐.

| 8 | 16 | 2_ | 3_ | 4_ | 4_ | 5_ | 6_ | 7_ | 8_ |

오고르에게 장화 8짝이 있어.
장화 하나에 구멍이 2개씩 뚫려 있어.
구멍은 모두 몇 개야?

장화 한 짝 고치는 데 동전 8개가
들었어. 8짝을 모두 고치려면
동전 몇 개가 필요해?

동전 몇 개가 필요해?

7과 8의 배수 알아보기 미션

7단·8단

여기는 오고르의 사격장이야. 7의 배수를 맞히면 7점, 8의 배수를 맞히면 8점이야. 7의 배수이자 8의 배수를 맞히면 15점이지! 오고르가 7과 8의 배수를 찾아 맞힌 과녁에 화살표를 그려 봐.

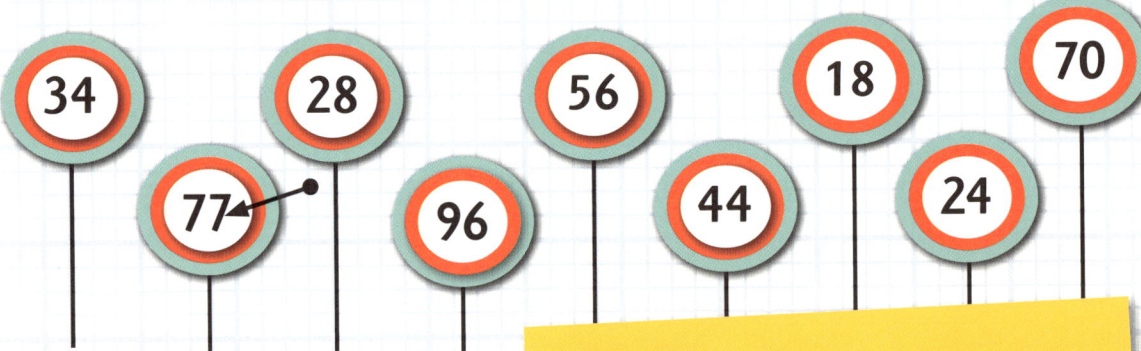

7과 8의 배수를 얼마나 찾았어? 이 수식도 완성해 봐.

7의 배수
7 × ☐ = ◯ 점

8의 배수
8 × ☐ = ◯ 점

7의 배수이자 8의 배수
15 × ☐ = ◯ 점

총점 ☐

기억해! 어떤 수에 1을 곱하면 그 수가 그대로 나와.

오고르의 수수께끼

7단·8단

아래 숫자를 잘 봐. 7의 배수는 초록색으로 칠하고, 8의 배수는 갈색으로 색칠해 보자. 그럼 어떤 그림이 나와?

아주 똑똑하구나!

11단

11단 외우기 미션

아래의 곱한 수를 잘 봐.
1에서 9까지는 쌍둥이처럼
앞뒤 숫자가 똑같아!

11단에서 10까지는 곱하기 쉬워.
곱셈표를 보고 나서 가리고
한 번 해 볼까?

11단 곱셈표

11 × 1 = 11
11 × 2 = 22
11 × 3 = 33
11 × 4 = 44
11 × 5 = 55
11 × 6 = 66
11 × 7 = 77
11 × 8 = 88
11 × 9 = 99
11 × 10 = 110
11 × 11 = 121
11 × 12 = 132

11 × 9 =

11 × 7 =

11 × 6 =

11 × 4 =

11 × 3 =

11 × 2 =

이것도 해 볼래?
곱셈에서는 순서를 바꿔도
된다는 거 잊지 마.

11 × 10 =

11단 연습

11단

악어 닥과 함께 문제를 풀어 보자.

11 × 4 = ◯   11 × 3 = ◯   11 × 7 = ◯

11 × ◯ = 88   11 × ◯ = 110

아래 11단을 완성해 보자.

| 11 | ☐ | 33 | ☐ | 55 | ☐ | 77 | ☐ | 99 | ☐ |

11×11과 11×12가 어렵다고? 여기 비법이 있어.

11×10=110이고, 11×1=11이라는 건 알지? 이 두 수를 더하면 11×11의 답이 나와!

11 × 11 = 110 + 11 = 121

이 비법대로 11×12도 계산해 보자.

11 × 10 = ☐   11 × 2 = ☐

11 × 12 = ☐ + ☐ = ☐

12단

12단 외우기 미션

말풍선: 아래의 정답을 잘 봐. 2, 4, 6, 8, 0으로 끝나는 수가 반복돼!

12단은 12단 곱셈표에서 가장 큰 수야. 하지만 12단의 대부분은 이미 다 외운 거야. 순서를 바꿔 보면 알 수 있어.

12단 곱셈표

1 × 12 = 12
2 × 12 = 24
3 × 12 = 36
4 × 12 = 48
5 × 12 = 60
6 × 12 = 72
7 × 12 = 84
8 × 12 = 96
9 × 12 = 108
10 × 12 = 120
11 × 12 = 132
12 × 12 = 144

2 × 12 =
3 × 12 =
6 × 12 =

12 × 2 =
12 × 3 =
12 × 6 =

아래 곱셈도 완성해 보자.

12 × 5 =
12 × 8 =
12 × 10 =
12 × 9 =

12단 연습

12단

곱셈표를 가리고 아래 수식을 완성해 봐.

12 × 10 =   12 × 4 =   12 × 7 =

12 × ☐ = 60   12 × ☐ = 24   12 × ☐ = 132

이것도 해 보자.

12 × 10 =
12 × 2 =

위의 정답을 더하면 답이 나와.

12 × 12 =

악어 닥은 12살이야. 닥의 나이가 2배 많아지면 몇 살이 될까?

닥의 나이가 3배 많아지면 몇 살이 될까?

144는 12단 사각형 곱셈표에서 가장 큰 수야. 그럼 가장 작은 수는 뭘까?

사각형 곱셈표에서 가장 작은 수와 가장 큰 수는 딱 한 번씩만 나와.

11과 12의 배수 알아보기 미션

11단·12단

닥은 제일 좋아하는 악어 바위를 갖고 놀고 있어.
11단 악어 바위탑을 만들려고 해.
11의 배수만 골라 바위탑을 쌓아 보자!

악어 바위로 **12**단 악어 바위탑도 쌓아 볼까?

도전! 테스트

12단을 모두 외웠는지 한 번 볼까?

잘 모르겠다면 10쪽이나 13쪽을 펼쳐 봐.

1 × 1 =
10 × 1 =
4 × 2 =
8 × 2 =
6 × 3 =
8 × 3 =
3 × 4 =
9 × 4 =
8 × 5 =
6 × 5 =
2 × 6 =
6 × 6 =

8 × 7 =
11 × 7 =
3 × 8 =
6 × 8 =
9 × 9 =
7 × 9 =
3 × 10 =
6 × 10 =
12 × 11 =
9 × 11 =
12 × 12 =
10 × 12 =

테스트

이것도 해 볼까?

3 × 10 =   10 × 10 =
3 × 100 =   10 × 100 =
3 × 1000 =   10 × 1000 =

0 × 1 =   0 × 10 =   0 × 100 =

아래 빈 칸을 채워 봐.

11 ☐ 33 ☐ 55 ☐ 77 ☐ 99 ☐

18 27 ☐ 45 ☐ 63 ☐ 81 ☐ 99

8의 배수에 동그라미를 쳐 봐. 답은 3개야.

19   24   35   60   100
  36   48   58   72

곱셈식 분해하기 미션

분해

"이 모든 계산을 머릿속으로 할 수 있어."

12단을 알면 **12**보다 큰 수도 머릿속으로 곱할 수 있어.
곱셈식을 아래처럼 둘로 쪼개기만 하면 돼.

12 × 10 = ☐
12 × 5 = ☐
정답을 더해. ☐

10 × 11 = ☐
8 × 11 = ☐
정답을 더해. ☐

그럼 아래의 답이 나와.

12 × 15 = ☐

18 × 11 = ☐

이렇게 곱셈식을 쪼개면
어려운 문제도 머릿속으로 풀 수 있어.
이걸 '분해'라고 해.

부분으로 쪼개기 때문에 분해라고 해.

분해하기 연습

분해

18×11의 답을 구하는 식을 한 번 더 살펴보자.

9 × 11 = ☐
9 × 11 = ☐
정답을 더해. ☐

18 × 10 = ☐
18 × 1 = ☐
정답을 더해. ☐

이번에는 21×8을 머릿속으로 계산해 봐. 이 식을 분해하는 간단한 방법이 2가지 있어. 어떤 방법이 가장 쉬워 보여?

20 × 8
1 × 8
정답을 더해.

10 × 8
11 × 8
정답을 더해.

난 이렇게 할 거야.

난 이렇게 할래.

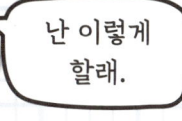

아래에 정답을 적고 맞는지 확인해 봐.

21 × 8 = ☐

51

제곱수

제곱수 알아보기 미션

제곱수는 같은 수를 두 번 곱한 수야. **1**에 **1**을 곱하면 **1**이니까 **1**도 제곱수야. 그 다음 제곱수는 **2**에 **2**를 곱한 **4**야.

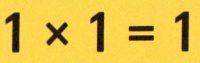

$1 \times 1 = 1$

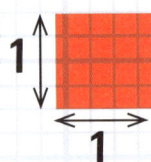

$2 \times 2 = 4$

제곱수는 정사각수라고도 해.
정사각형 **2**개에 정사각형 **2**개를 쌓아 올리면
커다란 정사각형이 되기 때문이야!

제곱수는 간단히 이렇게 표시해.

$2^2 = 4$

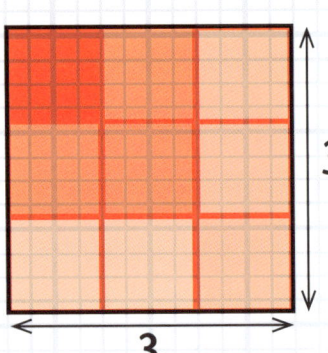

위쪽의 작은 숫자 2가 '곱하는 횟수'야.

아래 제곱수도
구할 수 있겠어?

$3^2 = \boxed{}$

제곱수 연습

 제곱수

12×12까지 다른 제곱수들도 구해 봐.

$4^2 =$ ☐ $5 \times 5 =$ ☐ $6^2 =$ ☐

$7^2 =$ ☐ $8 \times 8 =$ ☐ $9^2 =$ ☐

$10 \times 10 =$ ☐ $11^2 =$ ☐ $12 \times 12 =$ ☐

셜록 본즈가 이 금고를 열려면 비밀번호를 알아야 해.
비밀번호는 제곱수니까 아래에서 찾아봐.
작은 제곱수에서 높은 제곱수 순으로 맞추면 문이 열릴 거야.

46　8　12　81　77　6　128
52　90　25　122　49

비밀번호는 ☐ ☐ ☐ 야.

인수 알아보기 미션

인수는 어떤 수를 나눌 수 있는 수야. 곱셈표에서 모든 배수는 인수를 갖고 있어. 인수 짝꿍을 생각해 보면 이해하기 쉬울 거야.

13쪽의 사각형 곱셈표를 보면 인수를 찾기 쉬워.

12의 인수는 곱해서 12가 되는 수를 생각하면 찾기 쉬워.

2 × 6   3 × 4   12 × 1

12의 인수는 1, 2, 3, 4, 6, 12야.

곱해서 9가 되는 수들이야.

9 × 1 = 9   3 × 3 = 9

9의 인수는 ☐ ☐ ☐ 야.

아래 네모 칸을 채워서 16의 인수를 찾아봐.

☐ × 4 = 16   ☐ × 2 = 16   ☐ × 1 = 16

16의 인수는 ☐ ☐ ☐ ☐ ☐ 야.

소수 알아보기 미션

소수

소수는 아주 특별해. 나눌 수 없는 수가 소수야.

이게 소수를 찾는 방법이야!

소수의 규칙

소수의 인수는 **1**과 자기 자신뿐이야.
1은 소수가 아니야. 인수가 하나뿐이기 때문이지.
2는 소수 중에서 하나뿐인 짝수 소수야.
5는 소수 중에서 유일하게 **5**로 끝나는 소수야.
다른 소수들은 모두 **1, 3, 7, 9**로 끝나.
하지만 **1, 3, 7, 9**로 끝나는 모든 수가 소수는 아냐.

아래에 **20**까지의 수가 있어.
위의 규칙을 보고 소수를 찾아 동그라미 쳐 봐.

1 2 3 4 5 6 7 8 9 10
11 12 13 14 15 16 17
18 19 20

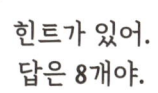
힌트가 있어.
답은 **8개**야.

인수

인수분해 알아보기 미션

인수분해는 어려운 곱셈식을 쪼개는 거야.
16의 인수를 알면 16을 곱하는 모든 수식을 쪼갤 수 있어.

$16 \times 6 = 8 \times 2 \times 6$ 8×2는 16의 인수 짝꿍이야.
$ = 8 \times 12$ 2×6은 12의 인수 짝꿍이야.
$ = 96$ 8×12의 답은 8단에 나와 있어!

다른 문제도 풀어보자.
인수 짝꿍으로 수식을 훨씬 쉽게 쪼갤 수 있어.

$15 \times 12 = 15 \times 3 \times 4$ 3×4는 12의 인수 짝꿍이야.
$ = 45 \times 4$ 15×3=45
$ = 45 \times 2 \times 2$ 2×2는 4의 인수 짝꿍이야.
$ = 90 \times 2$
$ = 180$

2, 3, 5, 7 같이 소수이자 인수인 '소인수'는 더 작게 쪼갤 수 없어.

인수분해 연습

인수

다음 곱셈식도 풀어 보자. 빠진 인수를 채워 넣고 답을 적어 봐.

31 × 8 = 31 × 2 × 4
　　　 = 62 × ☐ × 2
　　　 = 124 × 2
　　　 = ☐

15 × 12 = 3 × ☐ × 12
　　　　= 3 × 60
　　　　= ☐

곱해서 **36**이 되는 인수 짝꿍을 적어 봐.

36 × ☐　　18 × ☐
12 × ☐　　9 × ☐
6 × ☐

36의 인수 9개는
☐ 야.

곱해서 **45**가 되는 인수 짝꿍을 적어 봐.

1 × ☐　　5 × ☐
15 × ☐

45의 인수 6개는
☐

36과 45 둘 다의 인수 중 가장 큰 수는 ☐ 야.

테스트

도전! 테스트

인수와 소수를 얼마나 잘 알고 있는지 테스트해 보자.

20보다 작은 수 중에서
소수 8개를 찾아 적어 봐.

아래 수 중에서 소수는 2개뿐이야.
어느 수가 소수야?

21   23   25   27   29

> 가장 간단한 규칙을 기억해 둬. 소수는 2와 5를 빼면 모두 1, 3, 7, 9로 끝나.

35의 소수 짝꿍이 아닌 수는?

35 × 1   7 × 5   12 × 3

35의 소수 4개는 _____ 야.

> 훌륭한 탐정들은 답을 모를 때 왔던 길을 되돌아가 봐.

테스트

60의 인수 짝꿍을 적어 봐.

☐ × ☐   ☐ × ☐   ☐ × ☐
☐ × ☐   ☐ × ☐   ☐ × ☐

60의 인수가 아닌 수는?

1 2 3 4 5 6 10
11 12 15 20 30

소수가 아닌 수는?

2 5 7 9 11

인수 짝꿍을 아무거나 하나 생각해 보고 소수가 나올 때까지 쪼개 봐.

인수로 아래 곱셈식을 간단하게 쪼개서 풀어 봐.

25 × 12 = 25 ×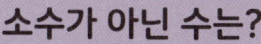

= ☐ × ☐

= ☐

소수 3개로 아래의 곱셈식을 완성해 봐.

☐ × ☐ × ☐ = 30

☐ × ☐ × ☐ = 70

☐ × ☐ × ☐ = 42

비법: 두 가지 곱셈법 알아보기 미션

뛰어난 탐정이라면
누구나 알고 있겠지만
문제가 너무 어려워서 머릿속으로
풀지 못할 때는 적어 봐야 해.

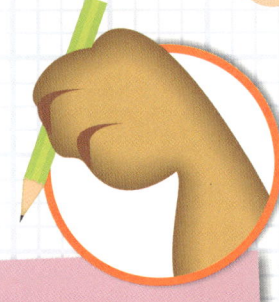

아래 곱셈식을 잘 봐.

132 × 6

머릿속으로 계산하기 어렵지? 이때는 적어 보는 거야.

비법은 계산하기 쉽게 곱셈식을
단계별로 쪼개는 거야.
각 단계마다 정답을 적어 둬야 잊어버리지 않아.

어려운 곱셈식을 푸는 2가지 방법이 있어.
하나는 전통적인 방법인 세로식 곱셈과
다른 하나는 격자표 곱셈이야.

난 전통적인
세로식 곱셈을 해.
그럼 절대 틀리지 않거든.

난 현대적인 생쥐야.
그래서 격자표 곱셈을 해.

비법

어떤 방법이든 백의 자리, 십의 자리, 일의 자리 수를 각각 따로 곱해. 그러고 나서 그 결과를 더하는 거야. 단지 곱셈식을 적는 방식이 다를 뿐이야. 아래 곱셈식을 다시 한 번 봐.

132 × 6

먼저 132의 각 자리 수가 얼마를 뜻하는지 알아야 해.

1은 **100**,
3은 **30**(10이 3개),
2는 그냥 **2**(낱개 2개)야.

격자표 곱셈

격자표 곱셈을 하려면 격자표를 그리고 각각의 칸에 알맞은 수를 적어 넣어.

×	100	30	2
6			

세로식 곱셈

세로식 곱셈에서는 곱셈식을 세로로 적어.

```
 백 십 일
  1 3 2
×     6
-------
```

좀 더 자세히 알아볼까?

격자표 곱셈 알아보기 미션

격자표 곱셈

판다 핑링이 격자표 곱셈을 보여 줄 거야.
132×6을 단계별로 해 보자.

1단계 격자표를 그려.

×	백 백의 자리	십 십의 자리	일 일의 자리
곱하는 수			

2단계 곱하고 싶은 수를 격자표에 채워 넣어.

×	100	30	2
6			

3단계 백의 자리, 십의 자리, 일의 자리에 곱하는 수 6을 곱해 봐.

×	100	30	2
6	600 (100 × 6)	180 (30 × 6)	12 (2 × 6)

4단계 각각의 답을 더해! 머릿속으로 계산하기 어려우면 적어 봐.

```
  600
  180
+  12
-----
  792
```

격자표 곱셈 연습

격자표 곱셈

자, 이제 혼자서 **212 × 4**를 계산해 봐.

1단계 격자표에 곱하고 싶은 수를 채워 놓아. 백의 자리, 십의 자리, 일의 자리에 곱하는 수 4를 따로따로 곱해.

×	200	10	2
4			

2단계 각각의 답을 머릿속으로 더해서 정답을 적어 봐.

212 × 4 = ☐

이것도 해 보자. **0**도 격자표에 적어 넣는 거 잊지 마. 안 그러면 백의 자리, 십의 자리, 일의 자리 수가 섞일 수도 있어.

108 × 5 = ☐

×	100	0	8
5			

0을 곱한 수는 모두 0이라는 거 잊지 마!

정말 잘 했어!

격자표 곱셈하기 미션

핑링이 곱셈식을 많이 풀어야 해. 도와줄 수 있어?

145 × 3 =

×	100	40	5
3			

189 × 2 =

×	100	80	9
2			

106 × 9 =

×	100	0	6
9			

174 × 4 =

×	100	70	4
4			

머릿속으로 더하기 어려워? 그럼 덧셈식도 적어 봐!

격자표 그려서 곱셈하기

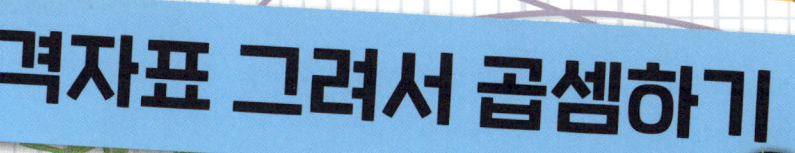

격자표 곱셈

이제 격자표도 직접 채워 넣고,
아래 곱셈식도 완성해 보자.

161 × 6 =

213 × 3 =

121 × 7 =

156 × 5 =

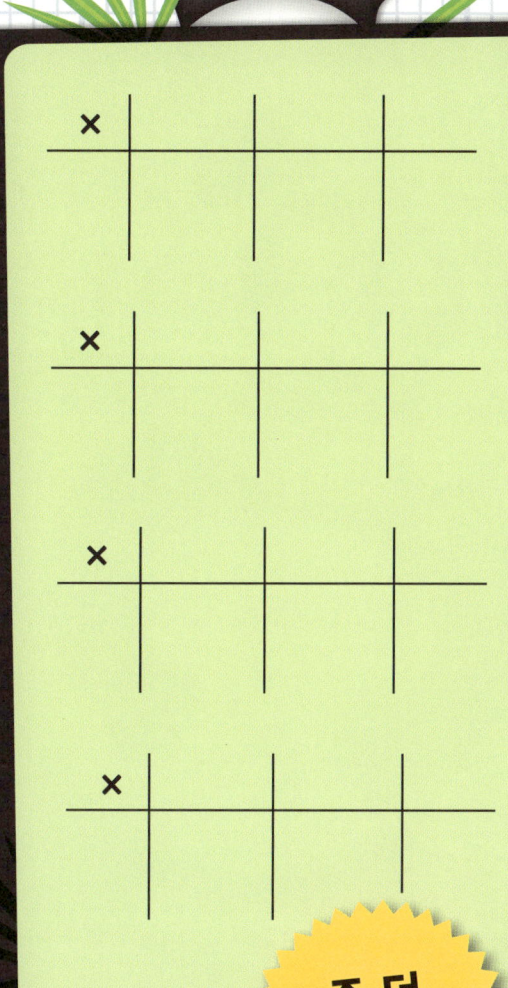

좀 더 해 볼까?

네 자리 수 곱하기 알아보기 미션

아무리 큰 수도 격자표 곱셈으로 풀 수 있어.
격자표를 좀 더 크게 그려서 알맞은 수를 채워 넣으면 돼.

이 곱셈식을 풀어 봐.

1230 × 3

먼저 각 자리 수가 얼마를 뜻하는지 알아야 해.

1은 **1000**, 2는 **200**,
3은 **30**(10이 3개),
0은 **0**(낱개 없음)을 뜻해.

네 자리 수를 계산하려면
4칸짜리 격자표를 그려야 해.

×	천 천의 자리	백 백의 자리	십 십의 자리	일 일의 자리
곱하는 수				

곱한 후 더하기

격자표 곱셈

이제 아래 곱셈의 정답을 찾아봐.

1230 × 3

×	1000	200	30	0
3	3000	600	90	0

3000 + 600 + 90 + 0 = 3690

하나 더 풀어 보자.

1521 × 5

×	1000	500	20	1
5	5000	2500	100	5

5000 + 2500 + 100 + 5 = 7605

0이 아주 중요하다는 거 잊지 마. 십의 자리나 일의 자리가 비면 반드시 0을 채워 넣어야 해!

격자표 곱셈

세 자리 수와 두 자리 수 곱하기 미션

격자표 곱셈으로 두 자리 수도 곱할 수 있어.
격자표를 더 크게 그리기만 하면 돼!

아래 곱셈식을 풀어 보자.

$$215 \times 21$$

215의 각 자리 수가 얼마인지 알아야 해.
21의 각 자리 수도 얼마를 뜻하는지 알아야 해.

세 자리 수에 두 자리 수를 곱할 때는
아래처럼 가로 3칸, 세로 2칸짜리 표가 필요해.

×	백 백의 자리	십 십의 자리	일 일의 자리
십의 자리			
일의 자리			

곱한 후 더하기

격자표 곱셈

아래 곱셈식을 격자표에 채워 넣어 봐.

215 × 21

×	200	10	5	
20	4000	200	100	4300
				+
1	200	10	5	215
	4200 +	210 +	105	4515

200×20 같은 곱셈에서는 0이 몇 개인지 헤아려 봐. 곱셈식에 0이 3개면 답에는 0이 3개 이상 나와.

세로줄이나 가로줄의 합을 더하면 **215 × 21**의 답이 나와.

같은 자리 수끼리 더할 수도 있어.

×	200	10	5
20	4000	200	100
1	200	10	5

네 자리 수   4000
세 자리 수   500
두 자리 수   10
한 자리 수   5
              4515

봐! 어떻게 더하든 답은 똑같지?

그럼 한 번 해 볼까?

격자표 곱셈 미션

핑링이 아래 곱셈을 더 해야 해. 도와줄 수 있어?

117 × 15 =

×	100	10	7
10			
5			

109 × 21 =

×	100	0	9
20			
1			

220 × 34 =

×	200	20	0
30			
4			

빈 지면에 덧셈식을 적어 봐.

격자표 곱셈 연습

격자표를 채워서
격자표 곱셈을 해 봐!

305 × 22 =

411 × 13 =

181 × 11 =

격자표 곱셈

격자표 그리기 미션

격자표를 그려서
격자표 곱셈을 해 봐!

113 × 6 =

180 × 15 =

1317 × 3 =

141 × 34 =

판다의 수수께끼

격자표 곱셈

핑링이 비행기를 타고 동생 집에 놀러 가려고 해.
가기 전에 아래 문제를 다 풀어야 해. 도와줄 수 있어?

핑링은 일주일에 대나무 **105**파운드(약 47킬로그램)를 먹어.
4주 동안 여행을 가려면 대나무가
몇 파운드 필요할까?

파운드

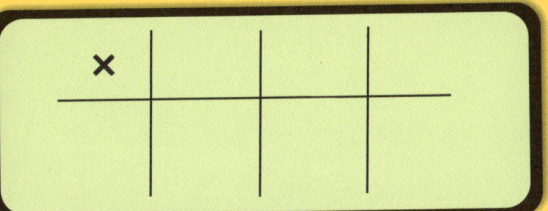

핑링의 머리에서 엉덩이까지 길이는 **152**인치(약 386센티미터)야.
핑링에게는 자기 몸 **3**배 길이의 우리가 필요해.
우리는 얼마나 길어야 할까?

인치

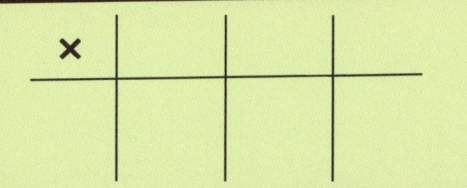

난 비행기 1등석만 타.
베개도 아주
비싼 게 좋아.

똑똑해진 것
같지?

도전! 테스트

테스트

여기에 격자표를 그려서 계산해 봐.

격자표 곱셈을 얼마나 잘 기억하고 있는지 테스트해 보자.

121 × 5 =

124 × 6 =

208 × 3 =

312 × 7 =

테스트

207 × 11 =

309 × 31 =

550 × 12 =

314 × 24 =

핑링의 몸무게는 **117**파운드(약 53킬로그램)야. 핑링이 **3**배로 무거워지면 몸무게가 얼마나 나갈까?

파운드

엄청 무거워지겠는 걸!

세로식 곱셈 알아보기 미션

세로식 곱셈

이 방법을 이해했다면 아주 대단한 거야!

사자 라이오넬이 세로식 곱셈을 알려 줄 거야.
131×3을 단계별로 계산해 보자.

1단계 곱셈식을 세로로 써 봐.
백의 자리와 십의 자리, 일의 자리 수를 맞추어 적었는지 확인해 봐.
(백, 십, 일이라고 적혀 있어.)

```
  백 십 일
   1  3  1
 ×       3
```

2단계 일의 자리 수부터 곱해서 그 답을 아래에 적어.

```
   1  3 ①
 ×      ③
         ③
```

3단계 다음에는 십의 자리 수에 3을 곱해.
$3 \times 3 = 9$니까 9를 십의 자리에 적고, 마지막으로 백의 자리 수에 3을 곱해. $1 \times 3 = 3$이니까 3을 백의 자리에 적으면 답이 나와.

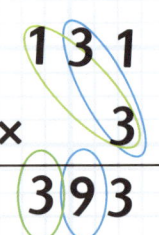

```
   1  3  1
 ×       3
   3  9  3
```

세로식 곱셈 연습

세로식 곱셈

세로식 곱셈으로 아래 곱셈을 해 봐.

```
  323        212
×   3      ×   4
-----      -----
```

```
  413        243
×   2      ×   2
-----      -----
```

```
  130        221
×   3      ×   4
-----      -----
```

항상 일의 자리 수부터 곱해.

0도 반드시 써줘야 해.

이 곱셈도 할 수 있겠어? 옆의 상자에 세로식을 적어 봐.
133 × 3

정말 잘하는데!

세로식 곱셈

올림하기

일=일의 자리,
십=십의 자리,
백=백의 자리,
천=천의 자리야.
잊지 마.

곱한 답이 **10**보다 크면 올림을 해야 해.
올림은 옆 칸으로 수를 넘긴다는 뜻이야.
어떻게 하는지 알려 줄게.

1단계 이렇게 수식을 적어 봐.

```
  백 십 일
   1 1 2
 ×     6
```

2단계 일의 자리 수를 곱해 봐.
그럼 **2 × 6 = 12**가 돼. **12**는 십의
자리 수가 **1**이고, 일의 자리 수가 **2**야.
일의 자리 수는 그대로 아래에 쓰고,
십의 자리 수는 십의 자리 위에
올림한 수를 작게 적어.

```
     ①
   1 1 2
 ×     6
       ②
```

3단계 이제 십의 자리 수에 **6**을 곱해.
그럼 **1 × 6 = 6**이 되지. 십의 자리 수가
하나 더 생겼으니까 2단계에서 구했던
십의 자리 수와 더해. 그럼 **6 + 1 = 7**
이니까 **7**을 십의 자리에 적어.

```
     1
   1 1 2
 ×     6
     7 2
```

4단계 이제 백의 자리 수에 **6**을 곱해.
그럼 **1 × 6 = 6**이 돼. 여기서 **6**은
600이라는 뜻이야. 이 수를 백의
자리에 적으면 정답은 **672**야.

```
     1
   1 1 2
 ×     6
   6 7 2
```

올림하기 연습

십의 자리 수와 백의 자리 수도 올림할 수 있어.
10이 **10**개면 **100**이 되고, **100**이 **10**개면 **1000**이 되기 때문이야.

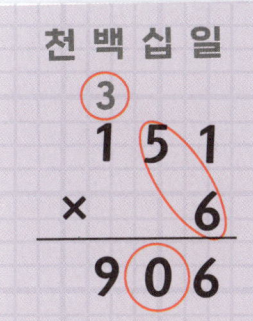
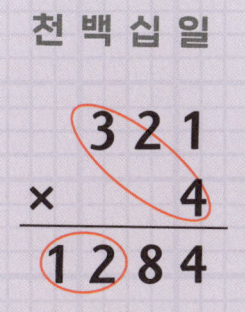

300 곱하기 4는 1200이야 (천이 1개에 백이 2개지).

아래 네모 칸도 채워 볼래?

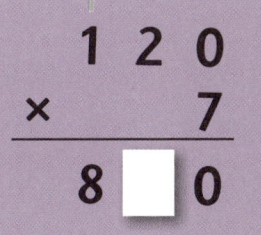

올린 수를 더하는 거 잊지 마!

곱셈 선수네!

세로식 곱셈

라이오넬의 수업

라이오넬처럼 아주 큰 수를 곱해 볼까?
곱한 답을 각 자리에 맞게 적어 넣는 거 잊지 마.

이 문제들부터 풀어 보자.
올림이 없는 문제야.

```
  424          203
×   2        ×   3
-----        -----
```

내가 도와줄게.

이 문제들을 풀려면 올림을 해야 해.
첫 번째는 풀어 놨어. 다른 문제도 풀어 봐.

```
   1
  318          229          106
×   2        ×   3        ×   5
-----        -----        -----
  636
```

올림하기 연습

세로식 곱셈

큰 수 곱셈이라고 무서워하지 마. 조금씩 해치우면 돼.

십의 자리 수를 백의 자리로 올림해 보자.
첫 번째는 풀어 놨어. 다른 문제도 풀어 봐.

```
  263          141          373
×   2        ×   4        ×   2
─────        ─────        ─────
  526         ___          ___
```

백의 자리 수도 천의 자리로 올림해 볼까?
이번에도 첫 번째 문제는 풀어 놨어. 다른 문제도 풀어 봐.

```
  522         1210         1301
×   4        ×   6        ×   5
─────        ─────        ─────
 2088         ___          ___
```

덩치 큰 사자는 무서워!

열심히 잘 했어!

81

세로식 곱셈

점점 길어지는 곱셈식

큰 수에 큰 수를 곱할 때는 세로식 곱셈이 좋아.
세로 칸은 그대로 두고, 가로줄만 늘리면 돼.

다음 곱셈을 해 보자.　132 × 12

세로 칸을 잘 맞춰 올림하는 거 잊지 마!

1단계

곱셈식을 이렇게 세로로 적어 봐.
이때 두 수는 자리를 잘 맞춰 적어야 해.

천	백	십	일
	1	3	2
×		1	2

세로식 곱셈하기

세로식 곱셈

2단계

12단까지 외웠으니까
132×2와
132×10으로 나누어
계산해 보자.
일의 자리 수부터 곱해 봐.

```
천 백 십 일
    1 3 2
  ×   1 2
    2 6 4    132 × 2
             132 × 10
```

0은 진짜 영웅이야!
십의 자리 수를 곱할 때
일의 자리에 0을
채워 넣는 거 잊지 마.

3단계

이제 132×10을 해서
답을 아래에 적어. 10을 곱할 때는
항상 일의 자리에 0을 적어 줘야 해.
그러니까 0을 제일 먼저 적어 둬.

4단계

곱한 답을 더해 줘.

```
천 백 십 일
    1 3 2
  ×   1 2
    2 6 4    132 × 2
  1 3 2 0    132 × 10
  1 5 8 4    132 × 12
```

이렇게 하면 절대 안 돼!

십의 자리 수를 일의 자리에 적는 실수가
제일 많아. 그렇게 하면 틀린 답이 나와.

```
    1 3 2
  ×   1 2
    2 6 4
    1 3 2
    3 9 6
```

세로식 곱셈

큰 수 곱셈

라이오넬처럼 큰 수를 곱할 준비 됐어?
답을 자리에 잘 맞게 적는 거 잊지 마.

훌륭한 사자는 천천히 차근차근 문제를 풀어.

이것부터 해 봐.
일의 자리는 풀어 놨어.

```
  천 백 십 일
    2 1 3
  ×    2 2
  ─────────
              213 × 2
    4 2 6 0   213 × 20
  ─────────
              213 × 22
```

이 문제도 풀어 보자.
올림이 없는 문제야.

```
  천 백 십 일
    3 2 0
  ×    3 1
  ─────────
              320 × 1
  ─ ─ ─ ─ ─
              320 × 30
  ─────────
              320 × 31
```

큰 수 곱셈 연습

세로식 곱셈

다음 곱셈을 해 보자.

```
   4 1
×  2 2
───────
```
41 × 2
41 × 20
41 × 22

```
   2 3
×  2 1
───────
```
23 × 1
23 × 20
23 × 21

```
   5 2
×  1 3
───────
```
52 × 3
52 × 10
52 × 13

긴 곱셈에서도 올림을 할 수 있어.
아래 보기를 잘 봐.

천 백 십 일

```
     1  2
     2  1  3
×       1  7
─────────────
        1
     1  4  9  1    213 × 7
     2  1  3  0    213 × 10
─────────────
     3  6  2  1    213 × 17
```

한 번 더 도전해 보고 싶으면
이것도 풀어 봐.

천 백 십 일

```
     5  6  1
×       1  3
─────────────
```
561 × 3
561 × 10
561 × 13

넌 잘 할 수 있어!

85

테스트 기억 되감기

큰 수로 이루어진 곱셈식을 계산하는 2가지 방법을 잘 기억하고 있는지 테스트해 보자.

여기서는 격자표 곱셈으로 계산해 봐.

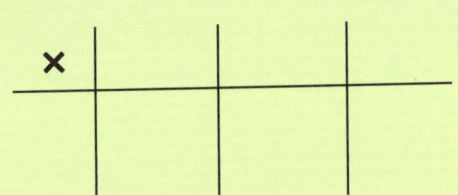

181 × 5 =

124 × 6 =

207 × 15 =

261 × 24 =

여기서는 세로식 곱셈으로 풀어 봐.

테스트

323 × 3 =

209 × 5 =

38 × 21 =

613 × 13 =

```
  3 2 3
×     3
───────
```

라이오넬의 몸무게는 **172**파운드(약 78킬로그램)야. 만약 라이오넬의 몸이 **3**배로 커진다면 몸무게는 얼마나 나갈까?

☐ 파운드

도전! 곱셈 테스트

좋아하는 방법으로 다음 곱셈을 해 봐.
인수(56쪽)와 분해(50쪽)를 잊지 마. 인수분해를 하면
곱셈을 훨씬 빨리 할 수 있어. 계산을 하기 전에
어떻게 계산할지 미리 생각해 봐.

42 × 3 =

18 × 11 =

68 × 5 =

95 × 9 =

215 × 6 =

219 × 4 =

307 × 13 =

612 × 19 =

511 × 18 =

820 × 25 =

테스트
도전! 최종 테스트

지금까지 배운 것을 잘 기억하고 있는 테스트해 보자.

사각형 곱셈표에 빠진 수가 있어.
사각형 곱셈표를 완성해 줘.

×	6	7	8	9	10	11	12
6			48			66	
7	42				70		
8				72			96
9		63				99	
10	60						120
11					110		
12		84		108		132	

아래에서 답이
다른 질문을 찾아 봐.

6에 8을 곱하면?
6과 8의 곱은?
6과 8을 더하면?
6 × 8?
8에 6을 곱하면?
8개씩 6묶음은?

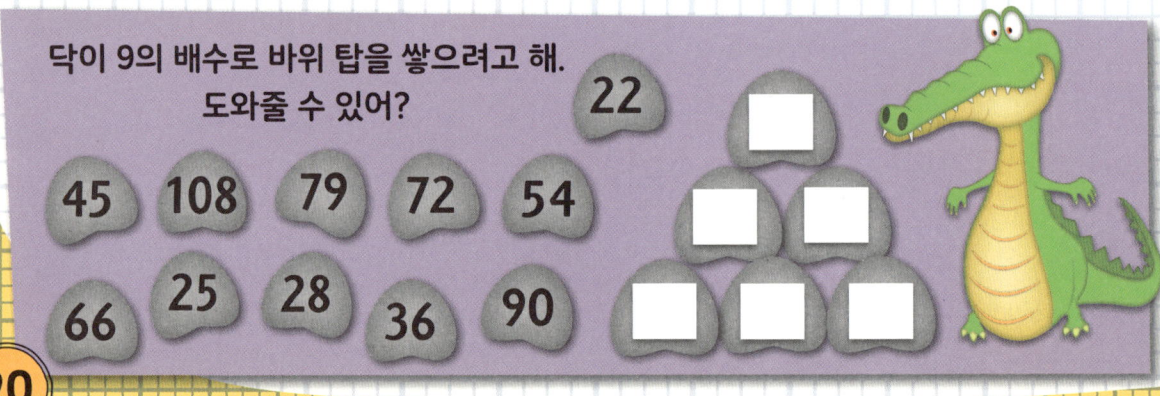

닥이 9의 배수로 바위 탑을 쌓으려고 해.
도와줄 수 있어?

22, 45, 108, 79, 72, 54, 66, 25, 28, 36, 90

테스트

제곱수를 찾아 작은 수에서 큰 수 순서대로 맞춰서 금고를 열어 줘.

46　99　8　50　4　72　16　81

비밀번호는 ☐ ☐ ☐ 야.

아래 숫자들 중에서 2개는 소수가 아니야. 소수가 아닌 수는?

3　7　28　19　33　31　13

56의 인수 짝꿍을 적어 봐.

☐ × ☐
☐ × ☐

좋아하는 방법으로 아래의 곱셈식을 완성해 봐.

243 × 5 =

714 × 6 =

242 × 20 =

52 × 22 =

18 × 12 =

250 × 6 =

391 × 17 =

1241 × 3 =

91

셜록의 정답

8쪽
쏘는 벌레: 8, 10, 12
냄새 나는 벌레: 9, 12
6과 12는 쏘기도 하고
냄새도 나는 벌레.

9쪽
14, 18, 22
15, 21, 27, 33

11쪽
6 × 7과 7 × 6 = 42

12쪽
9 × 8 = 72   6 × 3 = 18
12 × 11 = 132   7 × 1 = 7
10 × 6 = 60   12 × 2 = 24

14쪽
2 × 2 = 4   2 × 5 = 10
2 × 7 = 14   2 × 10 = 20
2 × 12 = 24   2 × 1 = 2

15쪽
4, 14, 24
22, 12, 2
핍과 아빠는 물고기
16마리를 잡았어.

16쪽
4 × 4 = 16   4 × 11 = 44
4 × 9 = 36   4 × 2 = 8
4 × 8 = 32   4 × 5 = 20

17쪽
4 × 7 = 28   4 × 9 = 36
4 × 12 = 48   4 × 10 = 40
4 × 3 = 12
12, 28, 44
48 다음에는 52가 와.

18쪽
7은 2의 배수가 아니야.
22는 4의 배수가 아니야.

19쪽
핍이 14점으로 이겨.
4 + 8 = 12

2의 배수는 20, 6, 44,
16, 28로 5개야.
4의 배수는 20, 44, 16,
28로 4개야.

20쪽
10 × 1 = 10   10 × 8 = 80
10 × 11 = 110 10 × 2 = 20
10 × 4 = 40   10 × 7 = 70
10 × 13 = 130

21쪽
10 × 12 = 120   10 × 6 = 60
코코는 진주 50개를 갖고
있어.
20, 40, 60, 80, 100, 120
130, 150, 170

22쪽
5 × 5 = 25   5 × 3 = 15
5 × 7 = 35   5 × 9 = 45
5 × 8 = 40   5 × 4 = 20
5 × 13 = 65

23쪽
5 × 6 = 30   5 × 2 = 10
5 × 10 = 50   5 × 9 = 45
5 × 11 = 55   5 × 5 = 25

5 × 7 = 35로 35번
말미잘을 찾아가.
5 × 3 = 15로 15분 걸려.
30, 45

24쪽
5의 나머지 배수는
15, 300, 50, 65, 35, 95,
70, 110이야.
10의 배수는 300, 50, 70,
110, 80이야.

5 × 202 = 101<u>0</u>
5 × 55 = 27<u>5</u>

25쪽
주황색 조개 4개 × 5 = 20
보라색 조개 4개 × 10 = 40
총 60점

27쪽   천 백 십 일
6 × 10 =   6 0
6 × 100 =   6 0 0
6 × 1000 =   6 0 0 0
16 × 100 =   1 6 0 0

28쪽
3 × 3 = 9   8 × 3 = 24
9 × 3 = 27   12 × 3 = 36

29쪽
23 × 3 = 홀수
18 × 3 = 짝수

플립은 5번 점프해야 해.

30쪽
6 × 2 = 12   6 × 4 = 24
6 × 5 = 30   6 × 11 = 66

3 × 7 = ㉑   3 × 7 = ㉑
6 × 7 = ㉑ + ㉑ = 42

31쪽
6 × 3 = 18   6 × 8 = 48
6 × 12 = 72   6 × 4 = 24
6 × 7 = 42   6 × 9 = 54

플립은 6일 동안 벌레 36마리를 먹어.
7일 동안은 벌레 42마리를 먹어.
12, 24, 36, 48

32쪽
9 × 9 = 81

33쪽
9 × 3 = 27   9 × 2 = 18
9 × 11 = 99   9 × 10 = 90
9 × 1 = 9   9 × 6 = 54

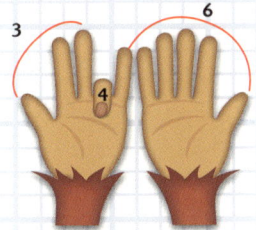

9 × 4 = 36

34쪽

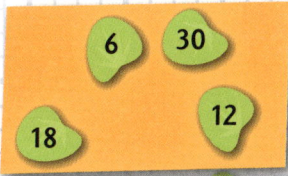

특별한 수련 잎은 18

35쪽

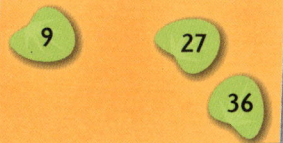

3, 6, 9 모두의 배수는 36

36쪽
2 × 7과 7 × 2 = 14
3 × 7과 7 × 3 = 21
4 × 7과 7 × 4 = 28
5 × 7과 7 × 5 = 35

37쪽
7 × 6 = 42   7 × 7 = 49
7 × 8 = 56
14, 35, 49, 70

38쪽
8 × 5 = 40   8 × 2 = 16
8 × 9 = 72
3 × 4 = ⑫   3 × 4 = ⑫
3 × 8 = ⑫ + ⑫ = 24

39쪽
8 × 6 = 48   8 × 7 = 56
8 × 12 = 96   8 × 3 = 24
8 × 11 = 88   8 × 8 = 64
2̲4̲, 3̲2̲, 4̲0̲, 4̲8̲, 5̲6̲, 6̲4̲, 7̲2̲, 8̲0̲
8 × 2 = 16이니까 구멍은 16개
8 × 8 = 64니까 동전 64개가 필요해.

40쪽
7의 배수는 77, 28, 56, 70

8의 배수는 96, 56, 24

7 × 4 = 28점
8 × 3 = 24점
15 × 1 = 15점
총 67점

41쪽

42쪽
11 × 9 = 99   11 × 7 = 77
11 × 6 = 66   11 × 4 = 44
11 × 3 = 33   11 × 2 = 22
11 × 10 = 110

43쪽
11 × 4 = 44   11 × 3 = 33
11 × 7 = 77   11 × 8 = 88
11 × 10 = 110
22, 44, 66, 88, 110
11 × 10 = 110
11 × 2 = 22
11 × 12 = 110 + 22 = 132

44쪽
2 × 12와 12 × 2 = 24
3 × 12과 12 × 3 = 36
6 × 12와 12 × 6 = 72
12 × 5 = 60   12 × 10 = 120
12 × 8 = 96   12 × 9 = 108

45쪽
12 × 10 = 120
12 × 4 = 48
12 × 7 = 84
12 × 5 = 60
12 × 2 = 24
12 × 11 = 132

12 × 10 = 120
12 × 2 = 24
12 × 12 = 144

두 배(12×2)면
닥은 24살
세 배(12×3)면
닥은 36살
가장 작은 수는 1

46쪽

순서는 상관없음.

47쪽
22, 36, 48, 55, 60,
77, 84, 99, 108,
121, 144

정답

48쪽
1 × 1 = 1   8 × 7 = 56
10 × 1 = 10   11 × 7 = 77
4 × 2 = 8   3 × 8 = 24
8 × 2 = 16   6 × 8 = 48
6 × 3 = 18   9 × 9 = 81
8 × 3 = 24   7 × 9 = 63
3 × 4 = 12   3 × 10 = 30
9 × 4 = 36   6 × 10 = 60
8 × 5 = 40   12 × 11 = 132
6 × 5 = 30   9 × 11 = 99
2 × 6 = 12   12 × 12 = 144
6 × 6 = 36   10 × 12 = 120

49쪽
3 × 10 = 30
3 × 100 = 300
3 × 1000 = 3000
10 × 10 = 100
10 × 100 = 1000
10 × 1000 = 10000
0 × 1 = 0
0 × 10 = 0
0 × 100 = 0

22, 44, 66, 88, 110
36, 54, 72, 90

8의 배수는 24, 48, 72

50쪽
12 × 10 = 120
12 × 5 = 60
12 × 15 = 180

10 × 11 = 110
8 × 11 = 88
18 × 11 = 198

51쪽
9 × 11 = 99
9 × 11 = 99
18 × 11 = 198

18 × 10 = 180
18 × 1 = 18
18 × 11 = 198

20 × 8 = 160
1 × 8 = 8
21 × 8 = 168

10 × 8 = 80
11 × 8 = 88
21 × 8 = 168

52쪽
$3^2 = 9$

53쪽
$4^2 = 16$ 5 × 5 = 25
$6^2 = 36$ $7^2 = 49$
8 × 8 = 64 $9^2 = 81$
10 × 10 = 100 $11^2 = 121$
12 × 12 = 144

비밀번호는 25, 49, 81

54쪽
9의 인수는 1, 3, 9
4 × 4 = 16
8 × 2 = 16
16 × 1 = 16
16의 인수는 1, 2, 4, 8, 16

55쪽
소수는 2, 3, 5, 7, 11, 13, 17, 19

57쪽
31 × 8 = 62 × 2 × 2
       = 248
15 × 12 = 3 × 5 × 12
        = 180

36의 인수 짝꿍은
36 × 1, 18 × 2, 12 × 3,
9 × 4, 6 × 6

36의 인수는
1, 2, 3, 4, 6, 9, 12, 18, 36

45의 인수 짝꿍은
1 × 45, 5 × 9, 15 × 3

45의 인수는
1, 3, 5, 9, 15, 45

36의 인수이자 45의
인수 중 가장 큰 수는 9

58쪽
20보다 작은 수 중에서
소수 8개는 2, 3, 5, 7,
11, 13, 17, 19

23과 29
12 × 3은 35의
인수 짝꿍이 아님.

35의 인수 4개는
1, 5, 7, 35

59쪽
60의 인수 짝꿍은
1 × 60, 2 × 30, 3 × 20,
4 × 15, 5 × 12, 6 × 10
11은 60의 인수가 아님.
9는 소수가 아님.

25 × 12 = 25 × 4 × 3
        = 100 × 3
        = 300
이나
25 × 12 = 25 × 2 × 6
        = 50 × 6
        = 300

2 × 3 × 5 = 30
2 × 5 × 7 = 70
2 × 3 × 7 = 42

63쪽
212 × 4 = 800 + 40 + 8
        = 848
108 × 5 = 500 + 0 + 40
        = 540

64쪽
145 × 3 = 300 + 120 + 15
        = 435
189 × 2 = 200 + 160 + 18
        = 378
106 × 9 = 900 + 0 + 54
        = 954
174 × 4 = 400 + 280 + 16
        = 696

정답

65쪽
161 × 6 = 600 + 360 + 6 = 966
213 × 3 = 600 + 30 + 9 = 639
121 × 7 = 700 + 140 + 7 = 847
156 × 5 = 500 + 250 + 30 = 780

70쪽
117 × 15 = 1755
(1000 + 100 + 70) + (500 + 50 + 35)
109 × 21 = 2289
(2000 + 0 + 180) + (100 + 0 + 9)
220 × 34 = 7480
(6000 + 600 + 0) + (800 + 80 + 0)

71쪽
305 × 22 = 6710
(6000 + 0 + 100) + (600 + 0 + 10)
411 × 13 = 5343
(4000 + 100 + 10) + (1200 + 30 + 3)
181 × 11 = 1991
(1000 + 800 + 10) + (100 + 80 + 1)

72쪽
113 × 6 = 678
(600 + 60 + 18)
180 × 15 = 2700
(1000 + 800 + 0) + (500 + 400 + 0)
1317 × 3 = 3951
(3000 + 900 + 30 + 21)
141 × 34 = 4794
(3000 + 1200 + 30) + (400 + 160 + 4)

73쪽
핑링은 대나무 420파운드가 필요함.
우리 길이는 456인치가 되어야 함.

74쪽
121 × 5 = 500 + 100 + 5 = 605
124 × 6 = 600 + 120 + 24 = 744
208 × 3 = 600 + 0 + 24 = 624
312 × 7 = 2100 + 70 + 14 = 2184

75쪽
207 × 11 = 2277
(2000 + 0 + 70) + (200 + 0 + 7)
309 × 31 = 9579
(9000 + 0 + 270) + (300 + 0 + 9)
550 × 12 = 6600
(5000 + 500 + 0) + (1000 + 100 + 0)
314 × 24 = 7536
(6000 + 200 + 80) + (1200 + 40 + 16)
핑링의 몸무게는 351파운드

77쪽
```
   323          212
 ×   2        ×   4
   969          848

   413          243
 ×   2        ×   2
   826          486

   130          221
 ×   3        ×   4
   390          884

                133
              ×   3
                399
```

79쪽
```
  ¹120
 ×   7
   840

  ²206         ²271
 ×   4        ×   3
   824          813
```

80쪽
```
   424          203
 ×   2        ×   3
   848          609

  ²229         ³106
 ×   3        ×   5
   687          530
```

81쪽
```
  ¹141         ¹373
 ×   4        ×   2
   564          746

  ¹1210        ¹1301
 ×    6       ×    5
   7260         6505
```

정답

84쪽
```
   213        320
 ×  22      ×  31
   426        320
  4260       9600
  4686       9920
```

85쪽
```
   41         23
 ×  22      ×  21
   82         23
  820        460
  902        483

   52        561
 ×  13      ×  13
  156       1683
  520       5610
  676       7293
```

86쪽

181 × 5 = 905
(500 + 400 + 5)
124 × 6 = 744
(600 + 120 + 24)
207 × 15 = 3105
(2000 + 0 + 70) + (1000 + 0 + 35)
261 × 24 = 6264
(4000 + 1200 + 20) + (800 + 240 + 4)

87쪽
```
   323        209
 ×   3      ×   5
   969       1045

    38        613
 ×  21      ×  13
    38       1839
   760       6130
   798       7969
```

라이오넬의 몸무게는 516파운드

88쪽

42 × 3 = 126
18 × 11 = 198
68 × 5 = 340
95 × 9 = 855
215 × 6 = 1290
219 × 4 = 876
307 × 13 = 3991
612 × 19 = 11628
511 × 18 = 9198
820 × 25 = 20500

90쪽

6과 8을 더하면 6 + 8 = 14 라는 뜻. 나머지는 모두 6 × 8 이나 8 × 6 = 48이라는 뜻.

13쪽에 있는 사각형 곱셈표 참조하기

91쪽

비밀번호는 4, 16, 81야.
28과 33은 소수가 아님.

56의 인수 짝꿍은 1×56
2×28, 4×14, 7×8

243 × 5 = 1215

18 × 12 = 216

714 × 6 = 4284

250 × 6 = 1500

242 × 20 = 4840

391 × 17 = 6647

52 × 22 = 1144

1241 × 3 = 3723